Fanny Dethloff-Schimmer

Ein Tag zum Atem holen

Gottesdienst erleben

Agentur des Rauhen Hauses Hamburg

Vorwort

Es ist Sonntag.
Ein Tag, um Atem zu holen, aufzutanken für die kommende Woche.

Sonntags gibt es Gottesdienste ganz in Ihrer Nähe, zu unterschiedlichen Zeiten. Meistens laden die Glocken vom nahen Kirchturm dazu ein.

Auf der ganzen Welt kommen Christinnen und Christen sonntags zusammen, um Gottes Wort zu hören, zu beten, das Abendmahl zu feiern und Gott in Liedern zu preisen.

Im Raum, in der Stille, im Gebet, in der Musik, in der Predigt findet sich auch für Sie ein gutes Wort, ein zündender Gedanke, ein berührender Moment.

Um sich im Gottesdienst zu Hause zu fühlen, braucht es manchmal ein paar Informationen, um Hintergründe besser zu verstehen.
Dazu soll dieses Heft beitragen.

Ich bin eingeladen

Ankündigung

An jedem Ort gibt es Gottesdienste. An unterschiedlichen Tagen und Zeiten. Für Christinnen und Christen aber vor allem am Sonntag, dem Tag, an dem der Auferstehung Jesu gedacht wird. In vielen Kirchengemeinden laden die Glocken gegen 10 Uhr zum Gottesdienst ein. In manchen Gemeinden gibt es andere Anfangszeiten oder Gottesdienste am Abend.

In Schaukästen vor der Kirche oder in Gemeindebriefen, die ins Haus kommen, können Sie sich über die Anfangszeiten informieren. Dort erfahren Sie oft auch, ob der Gottesdienst besonders gestaltet wird, welche Gruppen und Gemeindemitglieder ihn vorbereitet haben oder welche Gruppe gezielt angesprochen wird.

Eine große Vielfalt an Gottesdienstformen möchte die Menschen einladen: Abendmahls-, Familien-, Kinder-, Jugend-, Konfirmanden-, Frauen- oder ökumenische.

Angekündigt wird zumeist auch, wenn es eine besondere musikalische Gestaltung gibt; ob mit moderner Musik oder der Kantorei, besonderen Orgelstücken oder einzelnen Instrumenten, dem Gospel- oder Posaunenchor.

Auch für Sie gibt es eine Form des Gottesdienstes, in der Sie sich wiederfinden können. Schauen Sie einmal nach. Vielleicht gemeinsam mit einem Freund, der Familie oder einer Nachbarin. Gesegneten Gottesdienst!

Ich bin eingeladen

Ankommen

Wenn man durch die Kirchentür tritt, erwarten einen meistens Menschen, die einen begrüßen und Fragen beantworten können: der Küster oder die Küsterin, Ehrenamtliche oder Kirchenvorstandsmitglieder, die Pastorin oder der Pastor.

Das Gesangbuch wird einem überreicht oder liegt am Eingang aus. In den ersten Seiten findet sich eine Anleitung zum Gottesdienst, weiter hinten finden sich Erläuterungen zum Kirchenjahreskreis.

Einige Gemeinden haben den Gottesdienstablauf, die Liturgie, in das Gesangbuch geheftet oder ein kleines Heftchen bereitliegen. Bänke oder Stühle laden ein, Platz zu nehmen. Das Kreuz, der Altar, gestaltete Fensterbilder, die Kerzen oder der Blumenschmuck, vieles kann man in der Kirche entdecken.

Der Gottesdienst beginnt meist mit einem Orgelvorspiel, einer Begrüßung und dem ersten Lied. Die Nummern der Lieder sind an den Seitenwänden angebracht.

Manche Lieder sind aber auch für den Ablauf des Gottesdienstes in dieser Gemeinde wichtig. Sie gehören zur Liturgie und wiederholen sich fast jede Woche.

Im Psalm, in den Lesungen, in den Gebeten und Liedern, im Segen oder im Abendmahl, in der Predigt oder im Austausch mit anderen Gottesdienstbesuchern kann ein heilsames Wort für einen selbst stecken. Etwas, das einen durch die Woche trägt, einen begleitet und weiterhilft.

Gottesdienst

Ich bin eingeladen

Guter Gott,
hier bin ich,
allein vor dir,
inmitten des Lärms meines Alltags,
entflohen aus allem Stress.

Um bei dir zu sein,
Ruhe zu finden,
Stille zu spüren,
Schweigen einzuatmen.

Gleich beginnt der Gottesdienst.
Schenke mir einen Moment hier,
der mich berührt.

Gott, weise mir meinen Weg
für diese Woche,
hilf mir auf und
schenke mir ein gutes Wort,
das mich begleitet
durch Jesus Christus.
Amen.

Ich bin eingeladen

Meinen Platz finden

„Wenn ich durch die Kirchentür trete, fällt alles von mir ab: der Straßenlärm von draußen, die Hektik, meine innere Unruhe.

Ich nehme mir ein Gesangbuch und suche mir einen Platz.

Manchmal ist es ein Platz ganz weit hinten, in einer Ecke an eine Säule gelehnt. So als könnte mir die Säule selbst schon Halt, Geborgenheit und Kraft schenken. Manchmal suche ich mir einen Platz ganz vorn, beim Altar und beim Kreuz. Ich kann es dann in den Minuten vor dem Gottesdienst noch in Ruhe ansehen und auf mich wirken lassen. Die Kerzen brennen. Eine heilsame Ruhe macht sich breit.

Oder ich setze mich so, dass ein Sonnenstrahl durchs Kirchenfenster genau mich trifft. Bevor ich mich auf meinem Platz hinsetze, spreche ich ein kurzes Gebet. Ich sammle meine Gedanken. Jetzt bin ich da, zu Hause."

Eine Gottesdienstbesucherin

Gott, ich bin da.
Immer wartest du schon auf mich,
nimmst mich auf, hörst mir zu.

Mit all meiner Unruhe,
meinen Sorgen und Nöten,
meinem Dank und meinen Gedanken,
meiner Erfülltheit komme ich zu dir.
Bei dir bin ich geborgen.
Amen.

Ort des Feierns

Der Raum

Im Mittelpunkt einer Kirche steht der Altar, der „Tisch des Herrn". Hier empfangen die Menschen Brot und Wein, das Abendmahl. Sie sehen und schmecken, wie freundlich Gott ist, spüren seine Vergebung.

Das Kreuz ist das Zeichen der Christenheit. Das Leid Jesu ist darin abgebildet und zugleich sein Sieg über den Tod mit dargestellt. Menschen stellen sich unter das Kreuz, erhoffen auch für das eigene Leid Heil und Heilung.

Die Kanzel ist der Ort der Predigt. Wie Menschen heute Gottes Wort verstehen und leben können, wird dort zum Thema gemacht.

Die Orgel ist die Königin der Instrumente. Viele verschiedene Pfeifen erklingen gleichzeitig. Gottes Wort zu hören, zu singen, zu danken und zu loben mit modernen und alten Kirchenliedern, ist eine gute Tradition.

Am Ausgang steht ein Opferstock, ein Kollektenbecken. Die Kollekte, die Sammlung, ist eine alte Tradition und von frühester Christenheit an Ausdruck der Verbundenheit mit den Menschen, denen es schlechter geht als uns.

Ohne Gottesdienst wäre die Kirche ein Museum. Die Kirche lebt durch die Menschen, die sich feiernd in ihr versammeln als Gemeinschaft, als Leib Christi.

Der Gottesdienst kann so zum Treffpunkt der Gemeinde werden. Ein Ort, an dem sich die Mitglieder kennen lernen können, gemeinsam feiern und gestärkt in die neue Woche entlassen werden.

Ort des Feierns

Denn wo zwei oder drei versammelt sind in meinem Namen, da bin ich mitten unter ihnen.
Matthäus 18,20

*Gott,
hier in der Kirche
kann ich die Stille spüren.
Gemeinsam schweigen, singen,
hören wir hier.
Die Kirche, das ist das Haus, das Kreuz,
die Kerzen, der steinerne Altar.
Die Kirche, das sind wir hier,
die Gemeinschaft, die wir zusammen
in deinem Namen sind.
Amen.*

Schon im Urchristentum vor fast 2000 Jahren gab es Symbole, die den Inhalt des Glaubens in Bildern und Schriftzeichen ausdrückten. Auch heute noch werden sie in unseren Kirchen gebraucht und sind z.B. auf Altären, Taufsteinen und Kanzeln zu sehen.

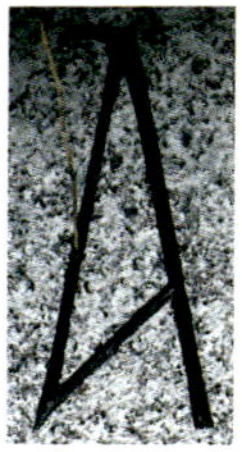

Alpha und Omega

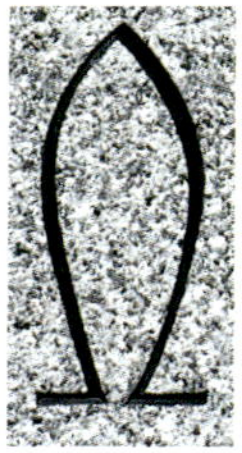

In der Offenbarung des Johannes, dem letzten Buch des Neuen Testaments, sagt Jesus von sich: „Ich bin das A und O, der Anfang und das Ende" (Offenbarung 22,13).
Das Alpha ist der erste Buchstabe des griechischen Alphabets und das Omega der letzte. Das Christuszeichen aus Alpha und Omega will also sagen: Christus umfasst das ganze Leben.

Christusmonogramm

Das Christusmonogramm setzt sich zusammen aus den ersten beiden griechischen Buchstaben des Namens Christi (X= ch und P= r). Es ist das am häufigsten verwendete Symbol für Christus.

Kreuz auf der Weltkugel

Gott hat die ganze Welt unter seine Liebe gestellt. Das ist die Bedeutung des Kreuzes auf der Weltkugel. Besondere Verwendung findet dieses Symbol in der Evangelischen Jugend.

Fisch

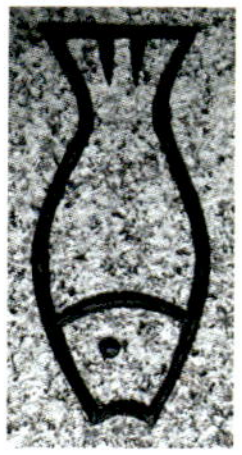

Dieses Symbol ist eines der ältesten Zeichen der Christenheit. Die Anfangsbuchstaben der griechischen Wörter für „Jesus Christus", „Gottes Sohn" und „Erlöser" ergeben zusammengesetzt das griechische Wort für „Fisch" (Ichtys).

Zeichen, die von Gott kommen

Flammen

Die Flammen symbolisieren die Gegenwart des Heiligen Geistes. In der Apostelgeschichte können wir lesen, wie der Geist in Gestalt von Flammen auf die Jünger herabkommt. Dabei wurden sie mit der Gabe des Predigens betraut.

Hahn

Der Hahn, der häufig auf den Kirchturmspitzen zu sehen ist, steht für Wachsamkeit.
Gleichzeitig erinnert er die Christen mahnend an das Verhalten des Petrus, der in der Nacht zu Karfreitag leugnete, zum Jüngerkreis Jesu zu gehören.

Kreuz

Das Kreuz ist das Hauptsymbol der Christen. Es erinnert an den Tod Jesu am Kreuz. Mit dem Tod und der Auferstehung Jesu erweist Gott den Menschen seine Liebe. So wird das Kreuz zum Zeichen der Hoffnung auf Rettung. Manchmal ist auf den Kreuzen die Gestalt Jesu zu sehen. Diese Form der Darstellung wird Kruzifix genannt (lateinisch: der ans Kreuz Geschlagene).

Lamm

Im Alten Testament können wir von der Tradition des Volkes Israel lesen, ein Lamm zur Vergebung der Sünden zu opfern. Von diesem Ritual herkommend wird das Lamm im Neuen Testament zum Zeichen der Erlösung durch Jesus Christus. Im Johannesevangelium finden wir die Aussage über Jesus: Gottes Lamm, das die Sünde der Welt trägt (Johannes 1,29).

Gemeinschaft

„Am meisten mag ich die Gemeinschaft im Gottesdienst. Das Gefühl, mit vielen gleich gesinnten Menschen Musik zu hören, zu beten und zu singen, erfüllt mich mit Freude. Das Vaterunser darf nicht fehlen, und die Fürbittengebete geben mir Raum, für Menschen, die mir besonders am Herzen liegen, zu bitten, aber auch zu danken. Alles ist mir wichtig, und wenn die Predigt dann auch noch ein Stück mein Thema ist, dann war es ein Gottesdienst, der mir die ganze Woche durch den Kopf geht und der mich stärkt." Eine Lektorin

Gott,
wo gibt es das sonst in meinem Leben:
Da ist das Krabbelkind, das im Gang spielt.
Und hinter mir sitzt die Frau,
die schon 93 Jahre alt ist.
Vor mir sitzen ein paar Konfirmanden
und neben mir meine Nachbarin.
So viele verschiedene Menschen,
so verschiedenen Alters.
Du bist das Band, das uns eint.
Du bist die Melodie,
die uns nicht aus dem Kopfe geht.
Wir grüßen einander und merken,
wir tun es aus Achtung vor dir.

Lass unsere Gemeinschaft lebendig bleiben.
Hilf uns auch,
im Alltag füreinander ein Wort zu haben
und füreinander einzustehen.
Amen.

Gesang

„Ich brauche sie: die Musik im Gottesdienst. Schon der erste Ton holt mich heraus aus all der Nebengeräusch-Musik meines Alltags. Hier singe ich selbst, nicht nur laut zum Radio. Es kommt auf meine Stimme an.

Ich liebe die Liturgie, den Wechselgesang zwischen unserem Pastor und uns, der Gemeinde: „Ehre sei dem Vater und dem Sohn und dem Heiligen Geist ...", das „Kyrie eleison" und die gesungene Übersetzung: „Herr erbarme dich" und das „Allein Gott in der Höh sei Ehr".

Ich habe lange gebraucht, bis ich nicht mehr ins Gesangbuch sehen musste, bis mir die Melodien nicht mehr fremd waren.

Ich habe mit den alten Worten Schwierigkeiten gehabt und versucht, Wort für Wort in meine Alltagssprache zu übersetzen. Bis ich ganz plötzlich merkte: Die Lieder umgaben mich wie ein großes Zelt. Jetzt fühle ich mich im Gottesdienst, als würde ich nach Hause kommen, in eine vertraute Geborgenheit.

Wenn jemand neu ist in unserer Kirche, setze ich mich gerne dazu, helfe beim Aufschlagen des Gesangbuches und erzähle (wenn es angebracht ist) von meinem ersten Unbehagen mit dem Gottesdienstablauf.

Ich gehe alle paar Wochen nur in den Gottesdienst, aber es freut mich, dass die Musik immer schon auf mich wartet."

Ein Chormitglied

Gott, du bist da,
ganz tief in dem Ton in mir.
Leise sucht er sich Bahn,
kommt hervor aus der Tiefe meines Körpers,
zaghaft und unsicher.
Er reiht sich ein in den Ton der Orgel,
in die Töne der anderen.
Suchend zuerst und dann doch
immer kräftiger.
Gott, du bist da, in diesem Lied.
Amen.

Ich singe mit, wenn alles singt, und lasse,
was dem Höchsten klingt, aus meinem
Herzen rinnen.
EG 503,8

Jugend

„Anfangs nervten mich die Gottesdienste. Als ich mich zum Konfirmandenunterricht anmeldete, war mir gar nicht so klar, dass der Besuch der Gottesdienste dazugehörte. Um 10 Uhr sonntagmorgens...! Die meisten von uns schlafen da noch.

Ich kam mir vor wie in einer völlig fremden Welt. Alles war so still in der Kirche. Und manchmal, wenn wir uns draußen mit mehreren trafen, hatten wir uns noch so viel zu erzählen, aus der Schule und überhaupt.

Wenn wir dann in die Kirche gingen, mussten wir über diese Stille kichern. Die Leute warfen uns dann böse Blicke oder ein scharfes „Pssst" zu. Es schien so unlebendig zu sein. Gott ist die Befreiung, predigte dann die Pastorin, und ich dachte, ich sei im falschen Film: Befreiend ist echt was anderes.

Und dann gab es doch die Augenblicke, in denen wir unsere Lieder sangen oder wir eigene Gebete sprachen und Kerzen anzünden konnten. Es gab Gottesdienste, die wir selbst gestalteten, mit unseren selbst gemalten Bildern, oder in denen wir eigene Gedanken vortrugen. Wenn dann die Kleineren nicht leise waren, ertappte ich mich dabei, dass ich auch sauer wurde...

Einmal hatten wir so ein tolles Abendmahl in unserer Kirche, richtig auf dem Boden liegend, mit Essen und Trinken, „Agapemahl" hieß das. Das gefiel mir gut.

Und Weihnachten, als wir ein Krippenspiel aufführten, und die Osternacht, als alles ganz dunkel war und dann das Licht hereingetragen wurde und wir Kerzen daran angezündet haben, das sind schon besondere Momente.

Wenn ich jetzt konfirmiert werde, werde ich sicher nicht mehr so oft in die Kirche kommen. Aber es ist gut, dass ich weiß, dass ich hin kann."

Ein Konfirmand

Gott, gib,
dass die Erwachsenen nicht so tun,
als wäre der Gottesdienst nur für sie.
Gib, dass wir auch darin vorkommen.
Ich möchte auch singen und beten können.
Aber es muss in meiner Sprache sein.
Hilf, dass es auch so etwas für uns gibt,
damit wir auch fröhlich sein können
in deinem Namen.
Amen.

Perspektiven

Kinder

„Schon lange wollte ich mal wieder zum Gottesdienst. Doch dann war es so anstrengend für mich. Marie war quengelig. Sie brabbelte die ganze Zeit auf meinem Schoß. Ich mochte mich kaum rühren. Die Leute drehten sich um, niemand sagte etwas. Und doch wusste ich, dass wir beide störten. Ich wurde ganz steif und traurig. Vor lauter Angst, Marie könnte laut sein, war ich ganz angespannt. Vom Gottesdienst bekam ich kaum etwas mit.

Es war dann eine Kirchenvorsteherin, die mich ansprach. Das Kind sei so lieb gewesen, sagte sie, und ob ich mich wohlgefühlt hätte. Ich dachte, ich würde gleich in Tränen ausbrechen.

Dabei hatte ich mich so auf den Gottesdienst gefreut. Ich brauchte das, einmal in der Woche ein vernünftiges gehaltvolles Wort, etwas, das Sinn macht. Manchmal war da nur Marie, und ich dachte hin und wieder schon, ich könnte nur noch in Babysprache kommunizieren.

Irgendwie hat die Kirchenvorsteherin wohl verstanden, was in mir vorging. Sie nahm Marie und sagte, jetzt gäbe es erst einmal einen Kaffee. Und obwohl ich doch nach Hause wollte, war das genau das Richtige.

Nach einer Weile erzählte ich ihr, wie anstrengend es für mich gewesen sei. Wir überlegten, was besser zu machen wäre. Und ein paar Ältere mischten sich ins Gespräch mit ein. Es war eine richtig gute Diskussion.

Wir haben dann mit dem Pastor gesprochen und im Kirchenvorstand gemeinsam einen Beschluss erarbeitet.

Seit ein paar Wochen gibt es jetzt eine Eltern- und Kinderecke in unserer Kirche:

Eine Bank ist entfernt, ein Teppich ist ausgelegt worden, ein paar Kuscheltiere und bunte Kinderbücher, Buntstifte und Papier und ein wenig Spielzeug liegen bereit. Die Kinder beschäftigen sich leise, und wir können dem Gottesdienst entspannter folgen.

Es tat mir so gut, dass die Gemeinde deutlich gemacht hat, dass Marie und ich willkommen sind."

Eine junge allein erziehende Mutter

Gott, du liebst Große und Kleine,
hilf, dass wir geduldig miteinander umgehen,
das Kleine achten und die Liebe aufbringen,
niemanden abzuweisen.
Amen.

Gottesdienstablauf

Im Folgenden ist ein Gottesdienstablauf mit allen Elementen beschrieben. Von Gemeinde zu Gemeinde kann die Gottesdienstordnung ein wenig durch Auslassungen, Umstellungen und Ergänzungen abweichen. Die einzelnen liturgischen Stücke werden Sie jedoch immer wieder erkennen.

Eröffnung und Anrufung

Glockengeläut
Musik zum Eingang
(Begrüßung)
Lied
Gruß (Der Herr sei mit euch)
Confiteor (Sündenbekenntnis und Gnadenzusage)
Introitus (Psalm der Woche)
Gloria patri (Ehr sei dem Vater ...)
Kyrie eleison (Herr, erbarme dich)
Gloria in excelsis (Ehre sei Gott in der Höhe/Allein Gott in der Höh ...)
Gebet des Tages (evtl. mit Gebetsstille)

Verkündigung und Bekenntnis

Lesung (Altes Testament)
Lied
Lesung (Epistel)
Halleluja
Lied (Wochenlied)
Lesung (Evangelium)
Credo (Glaubensbekenntnis)
Lied
Predigttext und Predigt
Lied nach der Predigt

Fürbitte und Sendung

Fürbittengebet
Vaterunser
Lied zum Ausgang
Abkündigungen (können auch schon zur Begrüßung oder vor der Fürbitte stehen)
Segen
Musik zum Ausgang

Agende

Wenn das Abendmahl gefeiert wird, erfolgt die Mahlfeier zwischen dem Verkündigungsteil und Fürbitte/Sendung.

Abendmahl

Großes Lobgebet
Sanctus (Heilig, heilig, heilig)
Eucharistiegebet
Vaterunser (in diesem Fall entfällt
das Vaterunser im Sendungsteil)
Friedensgruß
Agnus Dei (Christe, du Lamm Gottes)
Kommunion (Austeilung)
Dankpsalm
Dankgebet

Das Apostolische Glaubensbekenntnis

Ich glaube an Gott,
den Vater, den Allmächtigen,
den Schöpfer des Himmels und der Erde.

Und an Jesus Christus,
seinen eingeborenen Sohn, unsern Herrn,
empfangen durch den Heiligen Geist,
geboren von der Jungfrau Maria,
gelitten unter Pontius Pilatus,
gekreuzigt, gestorben und begraben,
hinabgestiegen in das Reich des Todes,
am dritten Tage auferstanden von den Toten,
aufgefahren in den Himmel;
er sitzt zur Rechten Gottes,
des allmächtigen Vaters;
von dort wird er kommen,
zu richten die Lebenden und die Toten.

Ich glaube an den Heiligen Geist,
die heilige christliche Kirche,
Gemeinschaft der Heiligen,
Vergebung der Sünden,
Auferstehung der Toten
und das ewige Leben.
Amen.

Vaterunser

Das Vaterunser

*Vater unser im Himmel.
Geheiligt werde dein Name.
Dein Reich komme.
Dein Wille geschehe,
wie im Himmel, so auf Erden.
Unser tägliches Brot gib uns heute.
Und vergib uns unsere Schuld,
wie auch wir vergeben
unsern Schuldigern.
Und führe uns nicht in Versuchung,
sondern erlöse uns von dem Bösen.
Denn dein ist das Reich und die Kraft
und die Herrlichkeit in Ewigkeit.
Amen.*

Festkreise

Einige Elemente der Agende, wie Lesungen, Psalmen, Lieder und Gebete, sind vom Kirchenjahr abhängig und prägen so die Gestaltung der Gottesdienste. Auch der Schmuck des Gottesdienstraumes richtet sich danach, in welchem Festkreis des Kirchenjahres wir uns gerade befinden.

Die Paramente, die Tücher, die von der Kanzel und am Altar hängen, leiten uns durch das Kirchenjahr. Ihre Farbe gibt an, in welcher Kirchenjahreszeit wir uns befinden. Weiß ist die Farbe der Christusfeste, wie z.B. Weihnachten und Ostern. Für Kirchenfeste, wie Pfingsten und den Reformationstag, steht die Farbe Rot. Violett kennzeichnet die Passions- und Adventszeit, also die Fastenzeiten, und Schwarz wird bei Trauergottesdiensten und Karfreitag aufgelegt. Die anderen Sonntage im Jahr, die in der so genannten festlosen Zeit liegen oder keinen besonderen Schwerpunkt haben, tragen Grün als liturgische Farbe.

Das Kirchenjahr beginnt mit der Adventszeit. **Advent** bedeutet „Ankunft", die Ankunft Jesu Christi. Mit den vier Adventssonntagen bereiten Christen sich auf Weihnachten vor. Viele Erwachsene gestalten diese Zeit, indem sie sich jeden Tag ein bisschen Zeit nehmen, um vielleicht bei Kerzenlicht einen kurzen Text zu lesen oder nur ein paar Minuten mit eigenen Gedanken innezuhalten.

Mit der **Heiligen Nacht** am 24. Dezember setzt das **Weihnachtsfest** ein, an dem die Geburt Jesu Christi gefeiert wird. Der zweite Höhepunkt des Weihnachtsfestkreises ist der 6. Januar. An diesem Tag, **Epiphanias**, treffen die christlichen Traditionen aus verschiedenen Teilen der Welt zusammen. Einige feiern an diesem Tag die Geburt Jesu, andere gedenken seiner Taufe und damit dem Beginn seines Wirkens. Bei uns hat sich dieser Tag konzentriert auf die drei Männer aus dem Morgenland, die zur Krippe kamen.

Ganz gleich, welcher Tradition gefolgt wird, eine Aussage haben alle gemeinsam: Es geht um die Offenbarung Gottes in Jesus Christus, um sein Erscheinen in der Welt. - Epiphanias heißt Erscheinung.

Festkreise

Am **Aschermittwoch** beginnt die **Passionszeit.** Sieben Wochen bis Ostern wird an den Weg Jesu ans Kreuz erinnert und der Leiden dieser Welt gedacht (Passion = Leiden).

Der Sonntag vor Ostern, der **Palmsonntag**, steht als Erinnerung an Jesu Einzug in Jerusalem.

In der Woche vor Ostern wird am **Gründonnerstag** (von grin, dem althochdeutschen Wort für Klage) an die Einsetzung des Abendmahls durch Jesus vor seiner Verhaftung gedacht. Meist wird dies am Abend mit einem Tischabendmahl gefeiert.

Karfreitag (althochdeutsch: kara = Trauer) ist der Todestag Jesu. Er heißt auch der Stille Freitag, denn die Glocken und die Orgel schweigen. Jeder Schmuck wird aus der Kirche entfernt. Das Leiden und Sterben Jesu wird besonders tief nachempfunden: Kreuzigung, Qualen und Todesstunde. Der Samstag ist der Tag zum Gedächtnis der Grabesruhe.

Ostern feiern die Christinnen und Christen die Auferstehung Jesu. Das Licht und die frohen Lieder kehren nach Zeiten der Dunkelheit zurück. Mit festlichen Gottesdiensten, von denen einige schon in der Nacht (Osternacht) oder frühmorgens beginnen, wird das Wunder gefeiert, dass Jesus lebt.

Vierzig Tage nach Ostern ist das **Himmelfahrtsfest**. Jesus kehrt zu Gott zurück, um für die Menschen da zu sein. Zehn Tage später, also 50 Tage nach Ostern (griechisch: pentecoste = 50), feiert die Christenheit Pfingsten, die Ausgießung des Heiligen Geistes: Die ersten Jüngerinnen und Jünger bilden durch den Geist Gottes eine Gemeinschaft; **Pfingsten** ist somit der „Geburtstag" der Kirche.

Der Sonntag darauf heißt **„Trinitatis"**, das Fest der Dreieinigkeit. Im Glaubensbekenntnis wird deutlich, was das Geheimnis der dreieinigen Gestalt Gottes ist: Wir glauben an Gott, den Vater und Schöpfer, an Jesus Christus, den Versöhner und an den Heiligen Geist, den Mittler und die schöpferische und verwandelnde Kraft.

Die Trinitatissonntage ziehen sich bis in den Herbst hinein. Am **Erntedankfest** wird Gott für alles gedankt, was die Menschen am Leben erhält. Die Kirchen sind mit Früchten, Gemüse, Brot und Blumen geschmückt. In vielen Gemeinden ist schon das Schmücken ein besonderes Fest, bei dem verschiedene Gruppen mithelfen.

Das **Reformationsfest** am 31. Oktober erinnert an Martin Luther, der 1517 mit 95 Thesen die römisch-katholische Kirche reformieren wollte. Aus dieser Reformbewegung entstand die evangelische Kirche.

Am Mittwoch vor dem letzten Sonntag des Kirchenjahres ist **Buß- und Bettag**, ein Tag öffentlichen und privaten Nachdenkens. Er erinnert an die Schuld, die Menschen auf sich laden. In den Gottesdiensten wird um Vergebung gebeten und nach neuen Wegen eines versöhnten Umgangs gesucht (Buße heißt Umkehr).

Am letzten Sonntag des Kirchenjahres, dem **Ewigkeitssonntag**, steht die Gemeinschaft der Lebenden und der Toten im Vordergrund. Es wird der Verstorbenen gedacht und für sie gebetet. Die Angehörigen werden getröstet, und die Hoffnung wird wach gehalten, dass der Tod nicht das letzte Wort behält, sondern Gott uns das ewige Leben schenkt.

Gottesdienst

Vielfalt im Leben der Gemeinde

Familiengottesdienste

Familiengottesdienste laden Männer, Frauen und Kinder aller Altersstufen ein. Meist steht eine biblische Geschichte im Vordergrund, die erzählt oder gespielt wird. Viele Lieder werden gesungen. Ein Gottesdienst, den Jung und Alt gemeinsam feiern.

Jugendgottesdienste

Hier haben Jugendliche die Möglichkeit, mit ihren Themen, moderner Musik (manchmal spielt die eigene Band) und ihrer Sprache zu Wort zu kommen. Damit machen sie auf ihre Probleme, Sorgen und Gedanken aufmerksam und geben neue Impulse.

Frauengottesdienste

werden vorbereitet von einer Frauengruppe der Gemeinde. Thema kann z.B. eine biblische Frauengestalt sein. Ein bekanntes Beispiel für die von Frauen vorbereiteten Gottesdienste ist der Weltgebetstag der Frauen, zu dem Frauen aller Konfessionen jedes Jahr am 1. Freitag im März weltweit Frauen und Männer einladen.

Thematische Gottesdienste

Diese Gottesdienste werden oft aus aktuellem Anlass oder wegen eines besonderen Engagements einer Gemeinde vorbereitet. Ihre Themen betreffen die Menschen oft unmittelbar, wie z.B. Fragen zur Bewahrung der Schöpfung und des Friedens, soziale Konflikte im Stadtteil oder politisches Tagesgeschehen. Durch eine biblische Lesung und eine Predigt von Laien werden besondere Probleme der Gemeinde in den Mittelpunkt gerückt.

Kantatengottesdienst

Der Kirchenchor, der ein größeres Werk der Kirchenmusik einstudiert hat, singt zum Lobe Gottes und zur Freude der Gemeinde.

Ökumenische Gottesdienste

Kirchengemeinden verschiedener Konfessionen (= Bekenntnisse: also z.B. freikirchlich, römisch-katholisch, reformiert, methodistisch oder lutherisch) bereiten gemeinsam einen Gottesdienst vor und feiern gemeinsam.

Lexikon

Abendmahl

Das Abendmahl feiern Christinnen und Christen zum Gedenken an das letzte Mahl Jesu mit seinen Jüngern vor seinem Tod. Bei diesem Mahl reichte Jesus, wie uns im Neuen Testament überliefert wurde, seinen Jüngern das Brot mit den Worten: „Das ist mein Leib."

Danach gab er ihnen den Kelch mit Wein und sprach: „Das ist mein Blut, das vergossen wird zur Vergebung der Sünden." Weil Jesus seine Jünger aufforderte, diese Feier zu seinem Gedächtnis zu wiederholen, feiern die Christinnen und Christen seitdem das Abendmahl. Dabei haben die Gemeinden gelegentlich unterschiedliche Formen gefunden. In einigen Gegenden wird das Abendmahl jeden Sonntag gefeiert. Nach den Einsetzungsworten wird die Gemeinde an den Altar, den Tisch Gottes, geladen. Dort empfangen die Gemeindeglieder Brot und Wein.

Andere haben die Form des Agapemahls entdeckt, bei dem die Gemeinde zu einer richtigen Mahlzeit zusammenkommt und um den gedeckten Tisch ihr Mahl mit den Einsetzungsworten und Brot und Wein eröffnet.

Abkündigungen

Während des Gottesdienstes werden der Gemeinde Veranstaltungstermine für die kommende Woche bekanntgegeben und Mitteilungen über das Gemeindeleben gemacht.

Agape

„Agape" ist griechisch und heißt übersetzt „Liebe". Damit wird das geschwisterliche Liebesmahl (Sättigungsmahl) der Gemeinde bezeichnet.

Agnus Dei (lat.: Lamm Gottes)

Seit dem 7. Jahrhundert steht dieser Gesang als fester Bestandteil der Abendmahlsliturgie vor der Austeilung von Brot und Wein. Die gebräuchlichste Fassung ist im Evangelischen Gesangbuch unter Nr. 190.2 zu finden.

Altar

Der Altar ist das Zentrum des Gottesdienstes. Die meisten liturgischen Elemente finden vor dem Altar statt. Besonders beim Abendmahl wird er als der Tisch, zu dem die Gläubigen von Gott geladen sind, zum Mittelpunkt der Gemeinde. Als Ausdruck der Freude ist der Altar mit Kerzen und Blumen geschmückt.

Amen (hebr.: So sei es)

Mit diesem Wort werden Gebete und Predigt bekräftigt.

Antependium

Mit Antependien, herabhängenden Tüchern, werden Altar, Kanzel und Lesepult geschmückt. Ihre Farben sind vom Kirchenjahr abhängig, und zusätzlich sind sie häufig mit Symbolen versehen.

Apostolisches Glaubensbekenntnis

Die ältesten Fragmente dieses Bekenntnisses stammen aus dem 2. Jahrhundert.

Barett

Aus dem 15. Jahrhundert stammt diese Kopfbedeckung für evangelische Pfarrer. Heute sieht man sie jedoch nur noch selten.

Beffchen

Beffchen wird der weiße Kragen am Talar der evangelischen Geistlichen genannt. Im 17. Jahrhundert kam er auf und kann in den Landeskirchen geringfügig in den Formen abweichen.

Choral

Choral ist ein anderes Wort für Kirchenlied. Es kann vom Chor oder der Gemeinde gesungen werden.

Credo (lat.: Ich glaube)

Die lateinische Bezeichnung des Glaubensbekenntnisses ist Credo. Im evangelischen Gottesdienst wird meistens das Apostolische Credo gesprochen oder gesungen. Aber auch andere Bekenntnisse sind überliefert.

EG (Evangelisches Gesangbuch)

Das Gesangbuch enthält Choräle aus vielen Jahrhunderten für Gottesdienste und Andachten. Daneben finden sich Erklärungen zu Liturgie und Kirchenjahr sowie Gebete und Psalmen.

Einsetzungsworte

Wie uns im 1. Brief an die Korinther (1.Kor. 11,23-26) und in den Evangelien Matthäus, Markus und Lukas überliefert worden ist, hat Jesus mit diesen Worten das letzte Mahl mit seinen Jüngern begonnen und den Auftrag gegeben, ein solches Mahl zu seinem Gedächtnis zu feiern.

Epistel (lat.: Brief)

Die erste Lesung aus der Bibel im liturgischen Ablauf des Gottesdienstes stammt gewöhnlich aus den neutestamentlichen Briefen. An ihre Stelle kann gelegentlich auch eine Lesung aus dem Alten Testament treten.

Evangelium (lat.: Frohe Botschaft)

Die ersten vier Bücher des Neuen Testaments sind die Evangelien, die vom Leben, Wirken und Sterben Jesu berichten. Aus ihnen stammt die zweite Lesung im Gottesdienst.

Fürbittengebet

Im Fürbittengebet gedenkt die Gemeinde der Kirche, der Menschen in der Welt und in der eigenen Gemeinde. Aktuelle Ereignisse werden hier aufgenommen, und die Betenden haben Gelegenheit, in der Stille ihre ganz persönlichen Fürbitten vor Gott zu bringen.

Gloria in excelsis Deo
(lat.: Ehre sei Gott in der Höhe)

Das Gloria steht als liturgischer Gesang im Eröffnungsteil des Gottesdienstes. An seiner Stelle wird häufig das Lied EG 179 (oder Strophen daraus) gesungen.

Halleluja (hebr.: Lobet Gott)

Der Hallelujagesang steht als Antwort auf die Lesung aus der Bibel. Gewöhnlich wird das Halleluja nach der Epistel gesungen.

Hosianna (hebr.: Bitte, hilf)

Das Hosianna wird während der Abendmahlsfeier gesungen. Seine Tradition geht zurück auf den Einzug Jesu in Jerusalem, wo er mit diesem Grußwort empfangen wurde.

Introitus (lat.: Eingang)

Introitus wird der jeden Sonntag wechselnde Psalm genannt, der nach dem Eingangslied gesprochen wird. Dies geschieht entweder durch die Liturgen, den Chor, oder als Wechsel von Gemeinde und Liturg.

Kantor (lat.: Sänger)

Der Kantor/die Kantorin leitet den Kirchenchor (die Kantorei). Oft ist er/sie auch für die gesamtmusikalische Leitung des Gottesdienstes verantwortlich.

Kanzel

Von der Kanzel wird die Predigt gehalten. Für Martin Luther hatte die Predigt eine besondere Rolle im Gottesdienst. Darum ist die Kanzel in vielen älteren Kirchen besonders groß und gut sichtbar.

Kelch

Der Kelch aus Metall oder irdenem Material ist für den Wein oder Traubensaft zum Abendmahl bestimmt.

Kerzen

Nicht nur als festlicher Altarschmuck, sondern auch als Symbol für das Licht der Welt, das Gott mit Jesus in die Welt sandte, stehen die Kerzen auf dem Altar.

Klingelbeutel

Im Klingelbeutel werden während des Gottesdienstes die Geldgaben der Gemeinde eingesammelt. Früher war an dem Stoffbeutel eine kleine Glocke angebracht darum „Klingel"beutel.

Kollekte (lat.: Sammlung)

Alle Sammlungen, ob im Klingelbeutel während des Gottesdienstes oder im Opferstock am Ausgang, sind Kollekten. Mit den Gaben der Gemeindeglieder werden soziale und diakonische Aufgaben bzw. Einrichtungen der Kirche weltweit und in der eigenen Gemeinde oder Landeskirche unterstützt.

Kommunion (lat.: Gemeinschaft)

Als Kommunion bezeichnet man die Teilnahme am Abendmahl.

Kreuz

Seit dem 13. Jahrhundert wird der Altar mit einem Kreuz versehen. Es erinnert an den Tod Jesu. Beim Segen zeichnet der Pastor ein Kreuz über die Gemeinde, beim Abendmahl während der Einsetzungsworte über Brot und Wein.

Küster (lat.: Wächter)

Um die Kirche für den Gottesdienst vorzubereiten, zu schmücken und für einen reibungslosen Ablauf zu sorgen, sind die Dienste des Küsters unentbehrlich. Meistens sind die Küsterinnen und Küster auch für die Gemeindehäuser verantwortlich und tragen dazu bei, dass sich die Gemeindeglieder in den Kirchenräumen zu Hause fühlen.

Kyrie eleison (gr.: Herr, erbarme dich)

Mit diesem liturgischen Bittruf zu Beginn des Gottesdienstes ruft die Gemeinde den Herrn an, in dessen Namen sie versammelt ist.

Lektor (lat.: Vorleser)

Der Lektor/die Lektorin liest im Gottesdienst die Bibelabschnitte des jeweiligen Sonntags.

Liturgie (gr.: Dienst)

Der gesamte Gottesdienstablauf wird Liturgie genannt.

Lutherische Messe

Die Ordnung dieses Gottesdienstes mit Abendmahlsfeier geht auf Martin Luther zurück.

Nicänisches Glaubensbekenntnis

Dieses Bekenntnis aus dem 4. Jahrhundert wird hauptsächlich zu hohen Festtagen und gelegentlich bei der Feier des Abendmahls gesprochen.

Orgel

Seit Anfang des 14. Jahrhunderts ist die Orgel aus unseren Kirchen kaum noch weg zu denken.

Osterkerze

Die Osterkerze wird in der Osternacht (Gottesdienst in der Nacht von Samstag auf Ostersonntag oder am Sonntagmorgen bei Sonnenaufgang) entzündet und brennt bis Himmelfahrt während der Gottesdienste.

Pastor (lat.: Hirte)

Ein mit der Verkündigung beauftragter Mitarbeiter der Kirche. Die Pastoren leiten den Gottesdienst, halten die Predigt und teilen bei der Abendmahlsfeier Brot und Wein aus.

Perikope (gr.: Abschnitt)

Jedem Sonntag ist ein Abschnitt aus der Bibel zugeordnet. Die Perikope ist der vorgeschlagene Predigttext. Auch bei den Lesungstexten spricht man von Perikopen, die in Perikopenreihen eingeteilt sind.

Predigt

Die Predigt ist einer der wichtigsten Bestandteile im evangelischen Gottesdienst. Den Menschen wird Gottes Liebe verkündigt, und die biblischen Geschichten werden in Bezug auf unser eigenes Leben ausgelegt. Das kann uns Impulse für unseren Alltag geben, und wir gehen mit neuem Mut und gestärkt in die neue Woche.

Psalmen

Die Psalmen sind Glaubenslieder aus dem Alten Testament. In ihnen lesen wir über die Erfahrungen der Menschen in der damaligen Zeit und über die Geschichte Gottes mit seinem Volk.
Als Wechselgebet oder in gesungener Form begegnen sie im Gottesdienst meist als Introitus.

Lexikon

Sakristei

In der Sakristei werden die Geräte zum Abendmahl, die liturgischen Gewänder und Antependien aufbewahrt. In diesem Nebenraum bereiten sich auch die Gemeindeglieder vor, die den Gottesdienst gestalten.

Sanctus (gr.: heilig)

Das Sanctus, das in der Abendmahlsliturgie gesungen wird, stammt aus dem Buch des Propheten Jesaja: „Heilig, heilig, heilig ist der Herr Zebaoth" (Jesaja 6,3).

Segen

Der Segen steht am Ende des Gottesdienstes. Er ist die Bitte um Gottes Beistand.
Die Handauflegung und die erhobenen Hände des Pastors/der Pastorin zeigen an, dass der Segen Gottes jedem persönlich zugesprochen wird.

Talar

Die evangelischen Geistlichen tragen meistens den schwarzen Talar als Bekleidung bei Gottesdiensten und einigen Amtshandlungen. In manchen Gemeinden sind aber auch andere liturgische Gewänder bekannt, wie zum Beispiel weiße Alben, die mit farbigen Stolen (Schals) kombiniert werden.

Taufstein

Seit dem 11. Jahrhundert steht in jeder Kirche ein Taufstein. Dort werden Erwachsene und Kinder getauft.

Vaterunser

Das Vaterunser ist wohl das bekannteste Gebet und wird in jedem Gottesdienst gebetet.
Es geht zurück auf das Gebet Jesu, das er seinen Jüngern als Vorbild des Betens mit auf den Weg gegeben hat.

Wochenlied

Zwischen Epistel und Evangelium wird das Wochenlied gesungen. Wie die Lesungen wechselt es jeden Sonntag nach einer festen Ordnung.

Erfüllt

Manchmal ärgere ich mich
an einem Wort,
einem Lied,
einem Satz.
Ich ecke an,
hake ein und nach,
stoße mich daran.
Gottesdienste
können Anstöße sein.
Dann komme ich
ins Nachdenken.

Manchmal werde ich eingehüllt
durch Kerzenschein
und heimelige Atmosphäre.
Ich spüre Geborgenheit,
fühle mich angenommen,
tauche ein in Vertrautheit.
Dann tankt meine Seele auf.

Manchmal ist alles langweilig für mich.
Ich bin schläfrig und gähne,
nichts reißt mich empor.
Müde gehe ich nach Hause.
Dann suche ich nach der
erhellenden Stärkung.

Manchmal werde ich unsanft
wachgerüttelt.
Die Gedanken an Menschen,
denen es schlecht geht,
die Sorge um die Welt
treiben mich um.
Dann lassen mich
mein Gebet, mein Opfer
mit fremden Menschen solidarisch sein.

Oft bin ich erfüllt von dem,
was ich erhalte.
Ich danke für die Worte, den Gesang,
die Gedanken, die Gefühle.
So oder so - es ist ein Geschenk.
Gottes Liebe wird spürbar im Gottesdienst.

Gestärkt in die neue Woche

Gottes Segen begleite dich
durch deine Woche.
Er umhülle dich
und wandere mit dir durch die Zeit.
Geh aus diesem Haus in dein Haus
mit seinem Segen:

Gott segne dich und behüte dich.
Er lasse leuchten sein Angesicht über dir
und sei dir gnädig.
Er erhebe sein Angesicht auf dich
und schenke dir seinen Frieden.
Amen.

Die Autorin

Fanny Dethloff-Schimmer ist Pastorin der Broder-Hinrick-Kirchengemeinde in Hamburg-Langenhorn und Seelsorgerin in der Justizvollzugsanstalt Glasmoor.

Textnachweis

Die Bibelzitate sind entnommen aus: Lutherbibel, revidierter Text 1984;

Die Schreibweise folgt den Regeln der neuen Rechtschreibung.

Bildnachweis

Umschlag: Elof R. Herbert
Seite 3, 4, 5, 6, 10, 30: Wolfgang Diederich
Seite 7, 25: Bodo Nitsch
Seite 9, 17, 19: Bildarchiv Rodrun/Knöll
Seite 9, 11, 13, 20, 26: Willi Kohlmann
Seite 10: Peter Santor
Seite 11: Bohdan Pomarzanskyj
Seite 23: Nordlicht Bildarchiv Claus Harlandt
Seite 31: Rainer Oettel

Bildbeschreibung

Umschlag: Kirchenfenster in der Johanniskirche Wuppertal Elberfeld

---

Gesamtgestaltung: Atelier Hella Flau, Ottersberg
Litho: connected 2000 GmbH, Hamburg
Druck: EuroGrafica S.p.A. , Vicenza
Der Umwelt zuliebe gedruckt auf chlorfrei gebleichtem Papier
ISBN 3 7600 2625-7
Best.-Nr. 1 2625-7